Ursula Braun-Bernhart

Adventsschmuck aus Blumen und Grün

leuchtend, festlich, selbstgemacht

Kosmos

INHALT

WEIHNACHTEN STEHT VOR DER TÜR

Romantisch verspielt, traditionell oder ausgefallen – zu keiner anderen Jahreszeit wird das Heim mit solcher Hingabe und so reich geschmückt. Tannengrün und Kerzenlicht haben Hochsaison.

DAS WEIHNACHTSFEST STEHT VOR DER TÜR

DIE MISTEL gilt als der Glücksbringer in der Weihnachtszeit. Am beeindruckendsten ist das zumeist kugelförmige Gewächs ohne jede Konkurrenz – allenfalls mit einer roten Schlaufe geschmückt – zum Beispiel über der Tür hängend oder an der Zimmerdecke. Dieser Pflanze spricht man besondere Heil- und auch Zauberkraft zu, da sie sich dem Jahresrhythmus entgegenstellt. Der geheimnisvolle, dekorative Zweig mit den weißen, durchscheinenden Früchten mitten im Winter verweist zugleich auf das Wunder der Christnacht.

Keine andere Zeit begehen wir stimmungsvoller als den Advent, die letzten vier Wochen vor dem Weihnachtsfest. Die Vorbereitungen beginnen bereits mit dem Martinstag im November. Liebevoll wird das Heim geschmückt und voller Hingabe werden Stollen und Plätzchen gebacken.
Die Adventszeit verbreitet eine ganz besondere Atmosphäre: Einerseits ist sie aufregend und voller Vorfreude, andererseits aber auch voller Erinnerungen.

Weihnachten – das Fest der Besinnung

Zu kaum einer anderen Jahreszeit werden wir so intensiv mit der Vergangenheit konfrontiert, steigen Erinnerungen in gleicher Intensität in uns hoch. Familienfeste und Bräuche lassen Lebensbilder vergangener Zeiten wieder aufleben. Wer erinnert sich nicht an die gefürchtete Rute, die der Nikolaus mitgebracht hat, oder an das aufregende wie feierliche Warten aufs Christkind, das

BUNT UND LIEBEVOLL gestalteter Türschmuck wirkt wohltuend auf Geist und Seele. Ob Türkranz oder Strauß, beide strahlen Wärme und Geborgenheit aus und heißen willkommen!

EIN ATTRAKTIVES EMPFANGSKOMITEE: Türkranz aus Buchs mit Schalenfrüchten und ein Nikolaus in traditionellem Rot geschmückt.

man im entscheidenden Augenblick dann doch noch verpaßt hatte? Die Eindrücke von damals sind emotional noch so stark, daß man beim Erzählen gelegentlich sogar die gleichen Symptome spürt: freudiges Herzklopfen! Doch auch traurige Empfindungen sind in der Adventszeit nicht ungewöhnlich, besonders wenn man an geliebte Menschen denkt, die heute nicht mehr da sind, jedoch unendlich viele Spuren hinterließen. Und wenn es jetzt ans Dekorieren geht, ist es nur allzu natürlich, daß wir dabei versuchen, die heiteren Bilder unserer Kindheit hier und da kreativ umzusetzen. Das gelingt besonders intensiv, wenn wir dazu noch auf Accessoires aus dieser Zeit zurückgreifen können. Eine Christbaumspitze beispielsweise, die man damals besonders kitschig fand, Holzfiguren oder

GEFÜLLTE NIKOLAUSSTIEFEL als dauerhafter Türschmuck. Aus rotem Sackleinen ein oder mehrere große Socken nähen. Diese nach Belieben in Gold oder anderen Farbtönen bemalen und mit glitzernden Pailletten verzieren. Zum Beschweren ein paar Steine einfüllen, mit Heu ausstopfen und mit immergrünen Zweigen, Beeren, Äpfeln und Zapfen dekorieren. An einem schlichten Band aufhängen.

1 Kranz binden: Weiden zu einem dünnen Reif biegen. Dann den Anfang und das Ende der kahlen Ranken mit einem dicken Draht festbinden.

2 Den Reif gleichmäßig mit Stroh (aus dem Zoohandel oder dem Gartencenter) zirka fünf Zentimeter dick umhüllen und mit dem Draht zusammenhalten.

3 Das Grün in vier bis fünf Zentimeter lange Zweige schneiden, in Büschel fassen und rings um den Kranzkörper legen; mit Blumendraht fest anziehen.

DIE ALTERNATIVE zum Türkranz ist ein Türstrauß. Für dieses längliche Gebinde wurden Grünarten verwendet, unter anderem Buchsbaum, Lebensbaum und Efeu. Roter Holzschmuck, an Schnüren aufgefädelt, und kleine, liebevoll eingebundene Päckchen ziehen die Blicke automatisch auf sich. Das rotgoldene Band dazwischen geht geradezu unter.

TIP: Weißtanne, Buchs, Eibe, Fichte, Efeu oder Hartriegel - zum Kranz binden eignen sich nahezu alle kleinblättrigen Immergrüne. Wobei es bei ihnen große Unterschiede in der Haltbarkeit gibt. Das heißt, bei den einen fallen Nadeln oder Blätter beim Trockenwerden ab, andere behalten sie. Nicht nadelnd oder blattabwerfend, dafür auch etwas teurer sind: Muschelzypresse, Blauzederwacholder, Seidenkiefer, Nobilistanne, Buchsbaum, Mahonie, Stechpalme, Mistel, Kirschlorbeer und Efeu.

4 Beim Abschluß besonders sorgfältig arbeiten. Die Zweige unbedingt so anordnen, daß man den Übergang und die Nahtstelle nicht sieht. Der Kranz wird dadurch schöner.

Glaskugeln, einfach herrlich! Heute lieben wir diese Utensilien und hüten sie wie einen Schatz. Selbst Lametta in Gold oder Silber ist für viele nicht wegzudenken. Ebenso wie die Weihnachtsgrippe unter dem Baum. Auch wenn Neues noch so begehrenswert oder wertvoll ist: Nichts wird mit der Schönheit dieser Erinnerungsstücke konkurrieren können, denn um sie ranken sich so viele Weißt-du-noch-damals?-Geschichten. Doch genug der Träumereien, wenden wir uns wieder der Gegenwart zu.

BILDSCHÖN, der Weihnachtskranz aus Buchsbaum, Tanne, Hagebutten und Ilex.

WELCOME

EINLADENDER kann man einen Hauseingang kaum schmücken: Putto „Winter", die Steinfigur rechts, stellt sich vor die weihnachtlich herausgeputzten Buchskugeln und heißt die Gäste willkommen! Das Besondere an der schmal gehaltenen Girlande aus frischen Zweigen von Wacholder, Scheinzypresse und Thuja ist die schlichte Wirkung. Die Dekoration beschränkt sich auf nur wenige Goldschlaufen, Kugeln und Zapfen. Diese Accessoires sind allerdings von bester Qualität: Das Band ist wetterfest, die Kugeln sind mundgeblasen und frostfest. Die Zweige für das Türgebinde gleichmäßig lang schneiden und mit Floristendraht fest um eine dicke Schnur (erhältlich im Baumarkt, Landhandel und bei Raiffeisen-Genossenschaften) wickeln. So bleibt die Girlande biegsam und läßt sich gut anbringen.
Bevor Sie die Schnur kaufen gehen, unbedingt den Türrahmen abmessen, denn man verschätzt sich leicht. Diese Girlande ist zum Beispiel über zehn Meter lang. Die Girlande hält sich bis in den Februar hinein. Wenn man sich im neuen Jahr an den weihnachtlichen Accessoires satt gesehen hat, diese einfach entfernen und dem Ganzen durch Schleifen in frischen Frühlingsfarben neuen Schwung geben.

Höchste Zeit zum Basteln

Es gibt unendlich viel zu tun. Da müssen Kränze gebunden werden, Kränze zum Aufhängen und für den Tisch, wohlduftende Potpourris gemischt, Holz- oder Strohsterne gebastelt, Kerzenleuchter geschmückt, Adventssträuße arrangiert, Grußkarten gemalt oder gestempelt, Fensterbilder aufgeklebt, Geschenke besorgt und hübsch verpackt werden und, und, und!
Die Vorweihnachtszeit mit all ihren Vorbereitungen bringt reichlich Arbeit mit sich, aber auch sehr viel Freude und Zufriedenheit. Nur diesen Aspekt verliert man an besonders hektischen Tagen, an denen eigentlich gar nichts so recht gelingen will, gern aus den Augen. Aber wer zwingt Sie dazu, alles allein, sozusagen im stillen Kämmerlein zu machen? Viel schöner ist es doch, im Team zu arbeiten.

VERSPIELT UND NOSTALGISCH ZUGLEICH, der Anblick dieses Türbogens aus unterschiedlichem Koniferengrün und dem rot-goldenen Schmuck. Eine Türbogenunterlage (Bastelladen) erleichtert das Stecken.

Also laden Sie doch Bekannte und Freunde zum Backnachmittag oder Bastelabend ein. Sie werden sehen, in der Gruppe kreativ sein, hat viele Vorzüge. Zum Beispiel kann man sich bei etwas schwierigeren Dingen gegenseitig zur Hand gehen und dabei Tips und Tricks austauschen. Und das alles bei Glühwein

DIESER WUNDERSCHÖNE ADVENTSKRANZ ist im wahrsten Sinne des Wortes exotisch. Der Kranzkörper selbst besteht aus feinstem getrockneten Kräutergestrüpp, sparsam umwunden von zarten Rebranken. Zierde sind ausgewählte Zweige mit Wildfrüchten, Exoten und ein paar Zimtsterne. Diese sind ganz dezent, aber tonangebend mit Golddraht umwickelt. Nicht alltäglich sind auch die dünnen, langen Kerzen aus Bienenwachs. Doch Vorsicht: Da alles Material mehr oder weniger trocken ist, die Kerzen nie ohne Aufsicht brennen lassen!

FÜR DIESEN ADVENTSKRANZ (rechts oben) wurden Zweige einer Tannenart auf eine Strohunterlage gebunden. Die bunte Dekoration wird durch die Schlichtheit des Kranzes wunderschön ausgeglichen. Als Accessoires dienen kleine Tonmännchen im Rotkäppchenlook, Terrakottapilze, Misteln, Ilexbeeren, Zimtbündel, Sterne, Alpenveilchen und weiß-gold gepunktete Kerzen.
Eine rustikale Variante im Gegensatz zum rot-goldenen Gebinde auf der linken Seite. Der Kranz liegt in einem entsprechend großen, sternenförmigen Blechteller, eingebettet in Goldsterne, Goldpäckchen und Walnüsse. Konsequent wurde hier Rustikales mit Feinem gemischt.

ROT-GOLD ist einfach eine unschlagbare Farbkombination für Weihnachtsschmuck. Der Adventskranz (rechts unten) ist ein wahres Vorzeigeexemplar, was die Farbharmonie und die Kombination der Zutaten betrifft. Die Eleganz des Kranzes wird durch Kleinigkeiten verstärkt, wie durch den feinen Goldfaden, der sich um einen Teil der Dekoration windet festlich, oder die goldgespritzten hauchdünnen Farbzweige, die trocken und sehr brüchig sind. Dicke, unterschiedlich hohe, rote Kerzen stehen auf einer Seite. Lebkuchen und Zimtstangen eng mit Bast umwickeln, verknoten, stabilen Draht durchstecken und im Kranz befestigen. Das fertige Arrangement mit Goldpuder bestäuben.

1 Adventskranz mit Strohunterlage. Einen Strohkranz in beliebiger Größe (Bastelladen und Floristikläden) besorgen. Koniferenzweige gleich lang schneiden, mit Heftklammern um den Kranzkörper stecken.

2 Damit die Kerzen fest im Kranz stecken, die Lichter unbedingt andrahten. Dicken Steckdraht verwenden, über einer Flamme erhitzen – dabei mit einer Zange halten – und zwei Zentimeter tief in den Kerzenboden einführen.

TIP: Bei Kerzen sollte man nicht sparen. Gute Qualität zahlt sich schon beim Andrahten aus, sie brechen nicht so leicht und brennen außerdem besser. Zum Befestigen großer, schwerer Kerzen unbedingt drei bis vier Drähte nehmen, für kleinere reichen auch zwei. Die Drähte relativ lang belassen, denn sie müssen durch den Kranzkörper hindurchreichen, werden dann umgebogen und wieder in den Kranz zurückgesteckt.

3 Die gedrahteten Kerzen fest in die Kranzunterlage drükken (siehe auch „Tip" oben). Zum Schluß die Schleifen binden, mit Steckdraht befestigen und ebenfalls in den Kranzkörper stecken.

4 Nach dem Binden oder Stecken des Kranzes zuerst die Kerzen und danach die Schleifen anbringen. Den Kranz so schlicht belassen oder schmücken.

oder Gewürztee, begleitet von leiser Musik – was für eine heimelige Vorstellung. Auch das Aufräumen und Entsorgen der Abfälle übernehmen alle gemeinsam.

Einkaufs-Checkliste

Bevor Sie mit der Ausführung beginnen, am besten genau auflisten, was Sie alles machen möchten: wie viele Kränze, Gestecke und so weiter. Dazu gehen Sie Raum für Raum Ihrer Wohnung durch und legen fest, wohin was und in welcher Farbe kommen soll. Danach einen detaillierten Einkaufszettel erstellen. Außerdem ist es in jedem Fall gut, sich zuvor die Überbleibsel der Advents-Accessoires der letzten Jahre genau anzusehen. An der Grundausstattung wie dem Baumschmuck und manch anderen Utensilien wird sich wohl kaum etwas ändern.

Das heißt, Neuanschaffungen werden in der Regel auf das bereits Vorhandene abgestimmt. Das ist vor allem für die Farben der Bänder, Kerzen und Servietten, sofern aus Zellstoff, wichtig. Sie werden zwangsläufig alle Jahre wieder neu gekauft. Bei besonders ausgefallenen Farbtönen unbedingt ein Muster mitnehmen. Nichts frustriert mehr, als wenn man zuhause feststellt, daß man sich um eine Nuance im Farbton vergriffen hat. Eine exakte Checkliste erspart diesen Streß und hilft außerdem Geld sparen.

Adventskranz und Brauchtum

Der Adventskranz gehört für uns ganz selbstverständlich zur Vorweihnachtszeit, und es würde uns etwas fehlen, wenn er nicht im Hause wäre. Dabei ist der mit vier Kerzen bestückte Kranz aus Tannenzweigen noch ein relativ junger Brauch. Mit seiner Hilfe vermittelte um die Mitte des 19. Jahrhunderts der evangelische Pfarrer Johann Hinrich Wichern den von ihm betreuten Jugendlichen die Vorfreude auf das kommende Fest. Ursprünglich ließ er sogar an jedem Dezembertag ein weiteres Licht anzünden, aber für die vierundzwanzig Kerzen wurde ein recht großer Kranz benötigt. Von Hamburg und Berlin aus verbreitete sich

WOHLTUEND SCHLICHT UND ELEGANT

Ein Adventskranz in Rot-Gold. Obwohl bescheiden dekoriert, hat er eine einmalig elegante Ausstrahlung. Seine Klarheit wird durch das satte Grün der ausgewählt kleinblättrigen Buchsart und das tiefe Rot der Kerzen unterstrichen. Die an Golddraht gefädelten roten Beeren repräsentieren die Schätze der Natur vorbildlich. Wie eine wertvolle Perlenkette hebt sich dieses in 10 bis 15 Minuten gefertigte Schmuckstück hervor.

Zuerst einen Kranz aus grünen Buchsbaumtrieben binden. Danach zu zwei Dritteln mit getrockneten, zarten Ranken umgarnen, deren Anfang und Ende dicht mit Golddraht umwickeln und auf dem Kranz aufliegen lassen. Nun die Spitzkerzen, die mit festem Steckdraht versehen sind, anbringen. Den Kranz mit der Golddrahtkette und im Kerzenbereich mit einer goldfarbenen Kordel verzieren. Ranken wie Schmuck so anbringen, daß das Grün der Buchsblätter weitgehend zu sehen bleibt.

RECHT UNGEWÖHNLICH, dieser Kranz. Eine tolle Idee für Freunde und Bekannte, die zum 1. Dezember umziehen. Vom Champagner, einem Freßkorb, den Küchengeräten bis zum Glücksschweinchen ist alles vertreten, was zur Ausstattung einer Wohnung gehört. Die Miniatur-Utensilien sind sicherlich nicht in jedem Geschäft zu bekommen, eine gute Adresse hierfür sind Spielzeugläden. Kontrastreich: Die roten Stumpenkerzen haben eine Manschette aus weiß-gelbem Karoband in Leinenoptik.

BÄRENSTARK, DIESES ORCHESTER: Schauplatz ist ein Kranz aus Fichte. Harfe, Geige, Saxophon, Trompete und Trommel sind mit den Noten, kleinen Leinenteddybären und musizierenden Weihnachtsengeln schon recht ungewöhnliche Hingucker.
Das Drumherum aus Pilzen, Weihnachtssternblüten, Goldpäckchen und Ketten sowie die weißen Kerzen wirken für sich betrachtet schon wieder normal. Dieser üppig dekorierte Kranz steht am besten in einem etwas kühleren Raum, da Fichte schnell nadelt.

VON DRAUSS' VOM WALDE KOMM ICH HER ... ! Erschöpft und hungrig ruht sich Nikolaus vor dem mit Waldfrüchten gezierten Kranz aus. Denn auch ein Nikolaus braucht mal eine Verschnaufpause. Blickfang dieses Adventskranzes sind die relativ großen, goldfarbenen Zapfenkerzen, deren Wachs, wie Sie sehen, rot gefärbt ist. Dazu gesellen sich allerlei Pilze (gibt es in Pappmaché oder mit Filz überzogenem Kunststoff), Tannenzapfen und Beeren. Als Platzhalter fungiert eine kleine Elfe.

HIER WIRD'S NOCH ÜPPIGER: grellbunt die Kerzenmännnchen und rot-weiß gepunktet die Pilze. Der restliche Schmuck besteht aus Nüssen, Mandeln, Äpfeln, Mistel- und Ilexbeeren, Zimtstangen und Sternanis. Alles natürliche Materialien, wie auch die unterschiedlichen Grünarten des Kranzes. Ein Gebinde mit dieser Fülle duldet keine Konkurrenz neben sich. Ein Kranz, der zwangsläufig im Mittelpunkt steht.

EIN ADVENTSKRANZ, der so richtig aus dem Rahmen fällt. Allerdings nicht durch seine Dekoration, genaugenommen ist er überhaupt nicht geschmückt, sondern vielmehr durch das Basismaterial. Der Kranz besteht nicht, wie sonst üblich, aus Tanne oder anderem Grün, sondern aus frischen Blumen. Das Grün zum Beispiel, in Form von zarten Farnwedeln, spielt mehr eine untergeordnete Rolle. Als Steckhilfe einen Kranzkörper aus Frischblumensteckmasse (gibt es im Bastelgeschäft) besorgen. Diesen solange in frisches Wasser tauchen, bis er mit Wasser vollgesogen ist. Zuerst die Kerzen anbringen, danach die Blumen gleichmäßig dicht und im Wechsel in die Kranzunterlage stecken. Jeden einzelnen Stiel zuvor nochmals schräg anschneiden. Den Kranz in eine Schale legen und gut feucht halten.

dieser zunehmend überkonfessionelle Brauch allmählich im gesamten deutschsprachigen Raum, in Süddeutschland erst nach dem Zweiten Weltkrieg. Ob üppig arrangiert oder eher schlicht, es gibt– wie unsere Kranzbeispiele zeigen – keine Einschränkungen. Wobei die Kerzen in dieser dunklen Jahreszeit von großer Bedeutung sind. Denn Kerzenschein steht für Sonnenlicht, ohne das das Leben nicht möglich wäre. Wie jeder selbst spüren kann, strahlt das warme Licht einer Kerzenflamme einen besonderen Zauber aus: Es schenkt Frieden, Hoffnung und Ruhe. Das schönste Licht verbreiten vor allem einfache, walzenförmige Kerzen. Kugelförmige oder rechteckige Kerzen mit mehreren Dochten, Leucht- oder Duftkerzen gelten zwar häufig als attraktiver, doch liegt hier der Reiz mehr

TIP: Im Winter geht die Natur sparsamer mit ihren Schätzen um. Wer jedoch die Augen offen hält, wird überrascht sein, was sich zum Dekorieren noch so alles finden läßt, teils in der Natur, teils auf Wochenmärkten. Besonders beliebt sind Zweige mit roten Beeren. Zum Beispiel: Hagebutten, Feuerdorn, Liguster, Mispel, Mistel, Stechpalme und Weißdorn. Doch Vorsicht, vor allem wenn Kinder im Haus sind: Viele Früchte sind giftig!

im Außergewöhnlichen oder in der besonderen Optik. Sehr passend zum Advent sind kurze, gedrungene Stumpenkerzen. Sie wirken rustikal und bodenständig und voller Wärme. Lange, schlanke Kerzen dagegen sind angebracht, wenn Sie es eleganter und festlicher mögen. Auch die Wirkung ihrer Farben ist recht unterschiedlich.
Eine rote Kerze vermittelt Lebenskraft. Rot ist die Farbe der auf- und der untergehenden Sonne. Gelb symbolisiert Licht, Glück und Gelingen. Weiß hat einen friedvollen, feierlichen und reinen Charakter. Ähnlich verhält es sich mit Naturfarben. Sie harmonieren besonders gut mit Immergrünen und Naturmaterialien wie zum Beispiel Beeren, Äpfeln, Exoten, Zapfen oder Nüssen.
Auch das Bindegrün ist symbolträchtig: Immergrüne Gehölze trotzen der Kälte des Winters. Daran lassen wir uns gern erinnern, wenn das Haus mit entsprechenden Zweigen geschmückt ist. Wie heißt es in dem bekannten Weihnachtslied vom grünen Kleid des Tannenbaums? „Die Hoffnung und Beständigkeit

DIESE EHER TRADITIONELLE, SCHÖNE ADVENTSSCHALE schmücken rote Spitzkerzen, Efeu, Lorbeerkirsche und Feuerdornbeeren.

DIESES ARRANGEMENT zeigt den derzeitigen Trend: Natürlichkeit mit wenig Schnickschnack. Super: die orangefarbenen Kerzen!

LEUCHT-TÜTEN, was für eine einfache und pfiffige Idee! Dazu Teelichter in hohe Wassergläser geben und diese in Pergamentpapiertüten stellen. Die Papiertüten mit großen selbst ausgeschnittenen Goldsternen und pastellfarbenen Schleifen verzieren. Für dieses Ensemble wurden glasklare schlichte Wassergläser verwendet, interessante Lichteffekte lassen sich durch blaue oder flaschengrüne Gläser erzielen. Dann ist es zu empfehlen, die Farbe der Schmuckbänder exakt auf die Glasfarbe abzustimmen, sonst kann es leicht zu bunt werden.

BEZAUBERNDE LICHTBLICKE: Außergewöhnliche Gläser, Vasen, Windlichter, Dessertschalen, Zink- oder Messingschalen – in nahezu jedem Haushalt finden sich Gefäße, die sich zum Einstellen für Kerzen eignen. Mehr als ein halbes Dutzend Stumpenkerzen in zartestem Gelb und Orange, in Begleitung von Seesternen, vergoldeten Muscheln oder Schnecken, schaffen ein traumhaft schönes Ambiente. Die Wirkung ist einmalig und voller Wärme!

BESCHAULICHE STUNDEN bei sanftem Kerzenschein sind hier garantiert sicher. Blickfang der Kaffeetafel ist unbestritten die Leuchtergruppe mit den pastellfarbenen, langen Kerzen. Die glitzernden Accessoires und die Früchteschale spielen da nur noch eine Nebenrolle.

BESONDERS FESTLICH: Goldfarbene Schwimmkerzen in Kristallschalen und -gläsern. Der Reiz wird durch die Zugabe von Rosenblüten und auch der champagnerfarbenen Stumpenkerze erhöht. Ein faszinierender Empfang zum Candlelight-Abend oder als Willkommensgruß für besonders liebenswerte Menschen. Stimmungsmäßig paßt hierzu ein schlichtes Kränzchen (ohne Kerzen) aus fruchtbehangenen Mistelzweigen oder ein Buchsbaumgesteck, variiert mit vergoldeten Ginkgoblättern. Und wer es lieber blumig mag, sollte zu weißen Hyazinthen oder Christrosen greifen.

HERRLICH, dieser Kerzenleuchter in festlichem Rot. Durch den Weißkontrast des Geschirrs und der Decke wird die Farbwirkung verstärkt. Den Leuchter mit Moos umwickeln, Rosen kurz schneiden und in Minireagenzgläser ins Moos stecken. Das Ganze mit Hagebutten und Gebäck schmücken.

TIP: Selbstgebackenes kommt immer gut an und hat vor allem an Weihnachten eine lange Tradition. Warum also den Schmuck für den Baum, die Gestecke oder die Geschenkanhänger nicht selber backen? Siehe Deko-Kerzenständer. Als Grundlage Pfefferkuchen- oder Lebkuchenteig herstellen und in weihnachtlichen Motiven (Förmchen oder vorgedruckt auf Backpapier) ausstechen. Die Teigfiguren backen und verzieren.

gibt Trost und Kraft zu jeder Zeit.“ Besonders beliebt sind: Buchsbaum, Mistel, Wacholder und Tanne.

Gestalten mit Kerzen

Mit Kerzen lassen sich Lichtblicke und reine Sonneninseln schaffen. Auf dem Tisch, auf der Fensterbank, im Badezimmer, in der Diele, wo immer Sie einen Hauch Romantik mögen. Die Flut der Windlichter, die seit Jahren den Markt überschwemmen, machen deutlich, wie groß die Sehnsucht nach einer stimmungsvollen Atmosphäre ist. Aus Glas, Porzellan, in Ton, Metall, Keramik, ja in allen erdenklichen Materialien sind sie zu haben. Doch man muß derlei Gefäße nicht unbedingt kaufen. In jedem Haushalt finden sich viele Gefäße, die sich für Windlichter wunderbar eignen. Dessertschalen mit Füßchen, bauchige Einmachgläser oder große Glasschüsseln zum

RUSTIKALES KERZENPOTPOURRI: Als Unterlage einen großen, flachen Teller verwenden. Größere Accessoires, zum Beispiel Terrakottakugeln, zuerst plazieren; danach die Kerzen. Die langen, schmalen Kerzen stecken hier in Äpfeln, und die Stumpenkerzen stehen fest auf dem Tellerboden. Schön, die kleinen Teelichter auf den Kugeln. Allerdings müssen diese gut befestigt sein und nicht einfach lose darauf liegen, sonst kann es im wahrsten Sinne des Wortes ganz schön brenzlig werden. Den Teller nun mit Früchte und Zweige verzieren.

Beispiel. Letztere sind ideal für Schwimmkerzen. Man füllt sie einfach mit Wasser und gibt die schwimmenden Lichter hinein. Windlichter bieten zweierlei Vorteile. Einerseits reflektieren sie das Licht schön und schaffen so eine wohlige Stimmung, andererseits sind sie relativ sicher, wenn eine Kerze ausläuft, was bei aller Vorsicht immer wieder einmal vorkommen kann. Das heißt, wenn die Kerze ausläuft, landet das heiße Wachs nicht auf dem Tisch oder dem Boden, sondern im Gefäß. Ganz gleich, ob im Windlicht oder Kerzenständer, entscheidend ist, daß die Kerze oder das Kerzen-Ensemble im Stil und der Farbe zum übrigen Ambiente passen.

KÜHL UND EXOTISCH ist die Wirkung dieser einfachen Glasleuchter. Das Besondere sind die Kränzchen aus Naturmaterialien. Dafür die Stiele der ausgewählten Blätter mit Draht umwickeln und eine kurze Blattgirlande bilden. Diese dann locker auf den Glashals legen oder direkt hineinstecken. Am besten kommen sie in einer Gruppe in unterschiedlichen Höhen zur Geltung. Das kann in der Küche auf der Anrichte oder auf dem Fensterbrett, in der Diele, auf dem Eß- oder Beistelltisch sein. Das Umfeld, wie hier geschehen, gleich mitdekorieren.

ZIMMERPFLANZEN im malerischen Weihnachtslook: Hier teilen sich Ritterstern und die Spitzblume einen Terrakottatopf. Sie sind von reichlich Schmuck umgeben. Die Schleife aus rot-goldenem, sterngemustertem Band an der Basis unterstreicht die Attraktivität der Blüten beziehungsweise der Beeren. Hübsche Ergänzung für die naturfarbenen Sterne ist die Schleife aus Sackleinen. Ein stimmungsvolles Ambiente, in dem sich der Engel aus Terrakotta sichtlich wohl fühlt. Da sowohl die Spitzblume (Ardisia crenata) wie auch der Ritterstern recht hoch sind, eignet sich eine derartige Dekoration vor allem für einen Tisch, der an der Wand steht, also nicht von allen Seiten gedeckt wird, für Wandkonsolen und Sidebords. Damit die Freude möglichst lange währt, die Pflanzen mäßig feucht halten und vor allem hell stellen. Das heißt, in Räumen ohne Fenster werden sie rasch verblühen.

Das heißt, ein elegant verzierter Leuchter sollte nicht gerade auf einem üppig gedeckten Tisch mit rustikalem Geschirr und einer karierten Leinendecke stehen. Richtig steht er auf einem schlichten, Ton in Ton gedeckten Tisch, wo er sich stilvoll unterordnet oder, wie der Leuchter auf Seite 20 zeigt, gewollter Blickfang ist.
Besonders attraktiv sind verzierte Kerzen. Man kann sie in reicher Auswahl fertig kaufen oder selbst dekorieren, was sicherlich preiswerter kommt. Dafür ein paar einfache, unifarbene Stumpenkerzen und Plattenwachs (gibt es im Bastelgeschäft) kaufen. Die gewünschten Motive mit Gebäckförmchen aus dem Plattenwachs ausstechen. Sehr schön und passend zur Weihnachtszeit sind Sonne, Mond, Sterne, Herzen oder Bäumchen. Die ausgestochenen Wachsmotive kurz über eine Kerzenflamme halten und warm auf die Kerzen drücken. Das Plattenwachs duftet angenehm nach Honig und hat auch dessen Farbton. Honiggelb kommt am besten auf weißen, creme- oder champagnerfarbenen Kerzen zur Geltung.
Übrigens: Eine selbst verzierte Kerze ist einmalig, hat daher stets eine ganz besondere Note und ist immer ein willkommenes Mitbringsel!

grünen Zweige so zurechtschneiden, daß sie nicht mehr als zwei Drittel der Glashöhe einnehmen. Nun in unregelmäßigen Abständen und im Wechsel das Grün mit dem Golddraht außen am Glas befestigen. Dazu einen Zweig nach dem anderen anlegen, gut festhalten, daß er nicht rutscht und das ganze Glas mehrmals mit dem Draht umwickeln. Besonders schön wirken diese kleinen Windlichter in Gruppen mit mindestens drei Gläsern.

DER WEIHNACHTSSTERN ist der Klassiker schlechthin. Sobald die herrlichen Pflanzen in den Geschäften auftauchen, ist klar: Weihnachten steht vor der Tür!

USAMBARAVEILCHEN sind wahre Multitalente. Weiß, rosa, blau, panaschiert – es gibt sie in zig Farbnuancen, als normale Pflanze oder in Miniaturausgabe. Entzückend, dieses Trio in der Schale und die Nüsse, Zimtsterne und Früchte davor!

DIESE SCHMETTERLINGSORCHIDEE ist ein wahres Juwel und hier entsprechend in Gold gefaßt. Orchideen (Phalaenopsis) blühen wochenlang, sind pflegeleicht und vertragen warme Zimmerluft.

Eine hübsche, etwas weniger aufwendige Kerzenalternative können Sie mit Windlichtern zaubern. Dafür dicke, milchige Wasser- oder Dekogläser, Teelichter, Golddraht und einige Koniferen- und Buchszweige besorgen. Die

Blütenpflanzen – im Winter der Hit

Gerade jetzt, wo die Natur draußen nur ganz wenige Blüten hervorbringt, freut sich das Herz ganz besonders beim Anblick vorgetriebener Hyazinthen oder Rittersterne.

EIN ADVENTSKALENDER muß nicht gekauft oder zum Aufhängen sein. Ganz im Gegenteil, viel mehr Aufmerksamkeit bekommen selbstgebastelte Alternativen. Zum Beispiel kann man 24 Päckchen machen und mit kleinen Präsenten füllen. Neben Süßigkeiten oder Accessoires bieten sich auch Fundstücke aus der Natur wie ein besonders schöner Stein, ein Lärchenzapfen oder der Fruchtstand einer „Jungfer im Grünen" (Nigella) an. Zu Herzen gehen auch Gedichte oder persönliche Wünsche, je nachdem, wen man damit beglücken will. Bei Kindern sind auch Gummibärchen und Luftballons beliebt oder Gutscheine, zum Beispiel für einen Spieleabend mit der ganzen Familie. Diese Päckchen hier sind aus beklebten Streichholzschachteln und machen zusammen mit den bunten Accessoires den flachen Teller zum Blickfang! Einfach die Schachteln nach Belieben bekleben, Zahlen mit einem Filzstift daraufschreiben, füllen und mit Schmuckband verzieren.

PFIFFIG UND DURCHAUS PRAKTISCH ist auch die Alternative mit den schlichten Tontöpfchen. Sie sind nämlich wiederverwertbar. Eine Fläche der Gefäße vergolden und in einer anderen Farbe dick umrahmen und mit Ziffern bekleben.

Und erst das wunderbare Farbenspektrum der Weihnachtssterne, des Weihnachtskaktus, der Alpenveilchen, Usambaraveilchen oder Orchideen. Das Sortiment der Winterblüher ist so groß, daß man sich kaum entscheiden kann. Doch greifen Sie unbedingt zu, Sie erhellen damit nicht nur Ihr Heim, blühende Zimmerpflanzen tun auch Ihrer Seele gut. Und im Gegensatz zu einem Blumenstrauß währt die Freude bei guter Pflege mehrere Wochen. Besonders lang halten sich Orchideen und Weihnachtssterne, wenn sie nicht zu warm oder feucht stehen. Das gleiche gilt für die Veilchenarten. Hinzu kommt, daß Zimmerpflanzen beliebte Geschenke sind.

WENN DIE AUFMERKSAMKEITEN mehr Platz beanspruchen, zum Beispiel weil Sie größere Dinge hineinpacken wollen wie Äpfel, Nüsse, Orangen, Mandarinen oder Nikoläuse sind Geschenktüten ideal. Sie werden nach Belieben beschriftet und verziert.

DER GEDECKTE TISCH – GENUSS TOTAL!

In der Advents- und Weihnachtszeit ist das Bestreben besonders groß, alles noch liebevoller und besinnlicher als sonst zu gestalten. Schlicht, extravagant, traditionell oder im Landhausflair. Wir bieten für jeden Geschmack eine reichliche Auswahl.

BILDSCHÖNE DEKORATIONS-IDEEN FÜR DEN TISCH

Farbenfroh, wohlduftend, schwelgerisch und voller Anmut, ja richtig herzerwärmend präsentiert sich ein Weihnachtstisch im allgemeinen. Doch zum Geheimnis einer ansprechenden Tischdekoration gehört nicht allein eine aufsehenerregende Üppigkeit. Ganz im Gegenteil. Die wirkliche Faszination liegt vielmehr im Einfachen. Und bei all den vielen Möglichkeiten, der Fülle an Accessoires, Gefäßen und Dekorationsmitteln sind natürliche Materialien unvergleichlich in ihrer Wirkung. Zugegeben, das ist zu dieser Jahreszeit, wo man kaum auf eigene Blumen zurückgreifen kann, oft gar nicht so einfach.

Tischschmuck im Winter

Entsprechend gilt es zu planen und Preise zu vergleichen. Wenn es Frischblumen sein müssen, sollte man wissen, daß sie zu dieser Jahreszeit natürlich ihren Preis haben.
Phantasie und Mut zum Ausprobieren gehören bei allem kreativen Wirken zu den wichtigsten Verbündeten einer Dekoration. Denn so ansprechend und wirkungsvoll Gestecke oder Kränze mit Immergrünen auch sind, im Prinzip kommen sie nicht ohne einen Farbklecks aus. Dies können glitzernde Accessoires, die Kerzen, Bänder oder Naturmaterialien sein wie fruchttragende Zweige von Wildrosen, zum Beispiel die allseits bekannten und beliebten Hagebutten, Weißdorn- oder Ilexbeeren. Wildfrüchte haben den

ROT UND GOLD sind die klassischen Weihnachtsfarben. Einmalig, die Eleganz, mit der der Weihnachtsstern im patinierten Goldpokal steht! Und die Kerzen erst, in welch zauberhaftem Licht werden sie erstrahlen.

JE SCHLICHTER das Objekt, um so verblüffender die Wirkung. Die blaukarierte Serviette ist nicht etwa kunstvoll gebunden, sondern wird lediglich von einer roten Schleife gehalten, der dazugelegte Baumschmuck bringt das gewisse Etwas!

HIER ZEIGT SICH DER ADVENT von seiner gemütlichsten Seite. Die Arbeit des Dekorierens ist getan. Zeit also, um Briefe zu schreiben, zu lesen, einfach zu genießen! Alles ist reich geschmückt. Aparte Gestecke mit Tannenzweigen und Holzkerzen zieren den Tisch. Sie sind umgeben von heimeligen Windlichtern, die ein bezauberndes Licht verbreiten. Äpfel, Nüsse, wohlduftende Nelken und reichlich Plätzchen laden zum Vernaschen ein. Ebenfalls opulent verziert: das Fensterbrett und der Kachelofen, auch hier stechen die Rot-Gold-Töne hervor. Allerdings, sobald der Ofen angeheizt wird, müssen die Südfrüchte weggenommen werden. Es wird ihnen garantiert zu heiß. Hübsch ist auch die selbstgebastelte Fenstergirlande aus Moosherzen, getrockneten Zitronen- und Apfelsinenscheiben, Zimtstangen, Ilexblättern und Lärchenzapfen. Das hängende Schmuckstück wurde auf Draht gefädelt, die einzelnen Zutaten teils gebündelt.

DIESES ATTRAKTIVE GESTECK (oben) besteht aus Hartriegelruten, Sicheltannen- und Zypressengrün, Weinlaub, getrockneten Zitrusscheiben, Hagebutten, Nüssen, Lebkuchen und Glasaufhängern. Als Basis dient Trockensteckschaum (Floristenfachgeschäft oder Bastelladen). Diesen so in das Gefäß geben, daß die Steckmasse weit über den Gefäßrand hinaus ragt. Die Ruten parallel zur Tischfläche stecken. Mit Grün ergänzen und nach Belieben die Accessoires anbringen.Das Foto unten zeigt einen Ausschnitt der Tischdekoration. Gebäck, Früchte, Blumeschmuck, Kerzen und die Accessoires wurden relativ komprimiert angeordnet.

GEMÜTLICHE STUNDEN mit Freunden oder der Familie bei Kerzenlicht, Kaffee, Tee und Selbstgebackenem wie Linzertorte und Plätzchen sind typisch für die Adventszeit. Blickfang dieser festlichen Tafel ist der in Rot, Gold und mit Lebkuchen geschmückte Kranz. Nicht weniger stimmungsvoll das Drumherum: Auf dem Schrank zum Beispiel Weihnachtssterne und mundgeblasene Glaskugeln. Zapfen satt und rote Kerzen in Äpfeln zieren das Fensterbrett.

DIE HÜBSCHE GIRLANDE, am Fenster des oberen Bildes zu sehen, können Sie leicht selbermachen. Dazu ein breites, cremeweißes Band flach ausbreiten. Das Band oben und unten etwas einschlagen, mit Heißkleber befestigen. Ein zweites, transparentes Band mittig aufkleben. In unregelmäßigen Abständen mit Grün und Accessoires verzieren.

MMH, WIE VERFÜHRERISCH sich die rotwangigen Äpfel neben den Christbaumkugeln auf der Drahtetagere präsentieren! Die Teller haben einen Durchmesser von 24 beziehungsweise 29 Zentimetern.

Vorteil, daß sie selbst in einer warmen Wohnung über Wochen hinweg kaum an Schönheit und von ihrer intensiven Farbe, zumeist Rot, einbüßen – im Gegensatz zu den meisten Schnittblumen, die im Handel angeboten werden. Mit Ausnahme vielleicht von Orchideenrispen – auch an ihnen kann man sich erstaunlich lange erfreuen. Und gute Haltbarkeit ist in der Adventszeit besonders wichtig. Die Dekoration soll doch mindestens vier Wochen lang attraktiv aussehen, besonders Adventskränze und größere Gebinde. Bei Arrangements mit Schnittblumen kann man das natürlich nicht erwarten. Spätestens nach einer Woche beginnen sie zu welken, was völlig normal ist.

Möglichst flach dekorieren

Für die Tischdekoration ist es besonders wichtig, möglichst flache Gefäße zu verwenden. Ideal sind Schalen, Suppenteller, Saucieren, Schüsseln und auch Jumbo-Tassen, wenn es um Gestecke oder Sträuße geht.
Der Adventskranz liegt am besten auf einem großen Blechteller oder einer Platte. Ich lege Kränze immer auf eine Tortenplatte. So bin ich sicher, daß heruntertropfendes Wachs, und das gibt es ganz häufig, keine Spuren auf der Tischdecke hinterläßt. Alles, ob Tischschmuck, Geschirr oder Gläser, muß so gedeckt sein, daß sich alle um den Tisch Sitzenden gut in die Augen blicken können. Sonst ist es mit der Unterhaltung sehr mühsam. Das heißt, die Dekoration darf keinesfalls zu hoch werden.

Praktische Hilfsmittel für die Weihnachtsdekoration

Wie für Profis ist es auch für Hobby-Floristen sinnvoll, stets ein paar Hilfsmittel

TIP: Neben einem scharfen, kleinen Küchenmesser, einer Drahtschere, einer Papierschere und einer Kombizange ist die Klebepistole ein ganz wichtiges Werkzeug für erfolgreiches, kreatives Arbeiten. Viele Materialien lassen sich nicht drahten und müssen daher geklebt werden. Bei der Ausstattung der Klebepistole darauf achten, daß sie einen Thermostat hat. Da der Klebstoff sehr heiß wird, stets vorsichtig damit umgehen, um so mehr, wenn Kinder mitbasteln!

parat zu haben. Zur Grundausstattung gehören Bast und verschiedene Drahtarten. Mit Steckdraht zum Beispiel lassen sich Zweige und Blätter relativ einfach verlängern und stabilisieren. Steckdrähte gibt es in unterschiedlichen Stärken und Längen. Empfehlenswert ist es auch, eine Rolle grünes Kautschukband zur Hand zu haben. Gelegentlich erweist es sich als die Lösung für kleine Schönheitsfehler. Man kann damit Draht umwickeln oder auch die unschönen Stielenden von Ästen kaschieren. Außerdem sollte man auch immer Wickel-, Schmuck- und Bouillondraht parat haben. Und natürlich gutes Werkzeug: eine Rosen-, Draht- und Papierschere, ein kleines, scharfes Küchenmesser, eine Kombizange und eine Klebepistole. Die Rosenschere eignet sich hervorragend zum Schneiden dünnerer Äste und Zweige. Nahezu unverzichtbar sind auch Heftklammern; damit lassen sich nicht nur Blüten, Blätter und kurze Zweige sehr gut auf Steckunterlagen befestigen, sondern auch Schleifen und sonstige Accessoires.

1 Äpfel gehören zu jeder klassischen Weihnachtsdekoration. Man kann sie sehr schön als fruchtige Kerzenständer nutzen. Nehmen Sie möglichst große, gleichmäßig gewachsene Früchte, die standsicher sind. Ideal sind Lagersorten mit fester Schale und festem Fruchtfleisch, sie stehen die Adventszeit im Warmen relativ gut durch. Zuerst das Kerngehäuse mit einem Apfelausstecher entfernen. Eine Kerze in entsprechender Größe etwa zwei Zentimeter tief in die Öffnung stecken.

2 Kleine Kränzchen aus Buchs, Efeu, Ilex oder Lebensbaum basteln. Diese nach Belieben mit Golddraht oder anderen Accessoires verzieren. Ganz pfiffig sehen auch kleine Figuren oder Blätter aus, die man kinderleicht aus Honigwachsplatten (gibt es im Bastelgeschäft) ausstechen kann. Nun die Minikränze so über die Kerze stülpen, daß sie auf dem Apfel aufliegen. Sie fangen tropfendes Wachs auf.

3 Ob die „fruchtigen" Kerzenständer nun wie hier auf der Fensterbank plaziert werden oder auf dem Tisch, spielt keine Rolle. Sie verbreiten überall eine heimelige Stimmung. Die übergestülpten Kränzchen fangen tropfendes Wachs auf.

Fundstücke aus dem Garten und der Natur

Zapfen, Nüsse, Fruchtstände längst abgeblühter Stauden sind gegenwärtig ebenso gefragt wie Zitrusfrüchte, Äpfel und Zierquitten. Das Besondere an den gelben, mehr oder weniger steinharten, kleinen Früchten ist ihr herrlicher Duft. Quittenduft verkörpert das Aroma des Sommers schlechthin.
Mit Farbe und frischem Duft begeistern auch Zitrusscheiben. Von Apfelsinen, Limetten, Pampelmusen bis hin zu Zitronen eignen sich nahezu alle Zitrus-Arten, wobei Orangen und Blutorangen besonders schön wirken. Einerseits ist es die Struktur ihres Fruchtfleisches, andererseits bringt die orangefarbene Schale zusätzlichen Pep. Man kann Fruchtscheiben überall fertig im Handel kaufen, aber auch leicht selber zubereiten. Dazu feste, unbeschädigte Früchte besorgen. Diese in etwa ein Zentimeter dicke Scheiben schneiden, auf ein Drahtgitter legen und gut antrocknen lassen. Nun ganz nach Belieben als Schmuck verwenden. Am attraktivsten wirken sie in einer Gruppe zu dritt oder viert angeordnet. Zitrusduft ist stark flüchtig. Falls er also verflogen ist, kann mit

MIT KIEFERNZAPFEN läßt sich vielseitig dekorieren. Zum Beispiel kann man sie in Blüten verwandeln. Große, trockene, also offene Zapfen verwenden. Mit einem Seitenschneider den Zapfen am Ansatz abflachen, damit er später gut liegt, und nach vier Schuppenreihen teilen. Die oberen Schuppen abzupfen, den fasrigen Rest stehen lassen, er stellt später die Staubgefäße der Blüte dar. Wer mag, lackiert die Blüte in Zinnienrot. Die Wirkung bemalter Zapfenblüten ist um so interessanter, je mehr sie mit Naturbelassenen kombiniert werden.

MODERN, ja fast schon ein wenig kühl ist die Wirkung dieses Tellerschmucks. Das liegt sicherlich an der ungewohnten Farbkombination Gelb, Gold, Blau und Silber. Wobei die Abstimmung wiederum perfekt ist. Die gelbe Serviette paßt ausgezeichnet zum Tellerrand und der Silberstern könnte das Sterndekor und den Platzteller nicht besser ergänzen. Die Goldschleife und die grünen Zweige geben dem Ganzen den entscheidenden Pfiff.

DIESES SCHMÜCKENDE KAFFEEGEDECK präsentiert sich im warmen Landhauslook, wobei das kräftige Rot unübersehbar den Ton angibt. Schön auch hier die schlichte Präsentation von Serviette und Schlaufe. Schmückende Beigaben: Weihnachtmann-Anhänger und Blattgrün.

TIP: Zweige von Immergrünen oder Laubgehölzen sind nicht eßbar. Deshalb ist Vorsicht geboten, vor allem wenn Kinder in der Nähe sind. Auf einigen Seiten dieses Buches, werden Sie Pflanzenteile von Buchs, Efeu, Eibe, Mahonie, Scheinzypresse, Stechpalme oder Wacholder auf dem oder am Tellerrand liegen sehen. Sie alle zählen zu den Giftpflanzen und dürfen nicht gegessen werden. Wobei natürlich klar sein sollte, daß Dekorationen grundsätzlich nicht zum Verzehr gedacht sind. Sie sind in erster Linie fürs Auge gedacht. Außer es wird ausdrücklich darauf hingewiesen, daß Teile der Deko gegessen werden können.

BILDSCHÖNE APFELDEKO: Sie brauchen Äpfel, Papierservietten, Karton fürs Namensschild und etwas Grün. Vor dem Ausschneiden der Herzen die Namen der Gäste durchgehen, denn „Katharina“ zum Beispiel benötigt mehr Raum als „Lena“. Die ausgewählten Äpfel mit Stiel in Tellermitte auf der Serviette plazieren, zuvor das Namensschild mit einer dünnen, farblich abgestimmten Schnur oder Bast am Stiel befestigen. Mit Grün verzieren.

FESTLICH HERAUSGEPUTZT, dieser gold-weiße Sternteller. Blickfang der edlen Serviette ist die bezaubernde Zackenbordüre. Mit Geduld und einer ruhigen Hand läßt sie sich leicht zuschneiden. Glänzendes Goldpapier (möglichst große Bogen) im Bastelladen besorgen und in ca. sechs bis acht Zentimeter schmale Streifen schneiden. Vor dem Ausschneiden die Zacken sinnvollerweise mit einem Stift vorzeichnen. Ideale Werkzeuge: Schere oder Cutter.

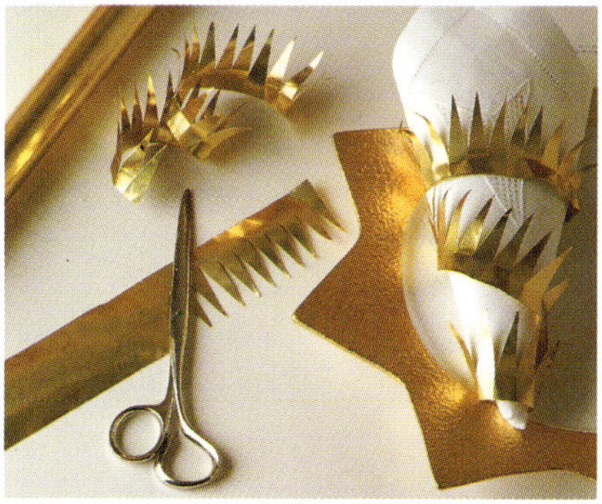

1 Für Zitronenkerzen das Zitrusfleisch mit Hilfe eines Löffels äußerst behutsam aus der Schale lösen. Die Fruchtschalen zur Seite stellen und das Wachs (gibt es als Granulat im Bastelladen) nach Anleitung erhitzen.

2 Vorbereitete Zitrusschalen mit dem Rand kurz in heißes Wachs tauchen. Mit der einen Hand den Docht festhalten und mit der anderen das flüssige Wachs hineingießen. Nur unbeschädigte Fruchtschalen verwenden, sonst drückt das Wachs durch.

ein paar Tröpfchen ätherischem Zitrusöl nachgeholfen werden.
Äpfel, die Sie für die Weihnachtsdekoration verwenden, sollten möglichst hart sein und dürfen keine Schadstellen haben, sonst sind Fäulnis oder Schimmelbildung bereits vorprogrammiert. Am besten eignen sich Lageräpfel (z. B. Roter Boskoop, Elstar, Danziger Kant, Pilot, Ontario). Sie haben den Vorteil, daß sie später problemlos verzehrt werden können; mit Ausnahme jener Früchte, die als Kerzenhalter fungierten oder mit Blumendraht, Klebstoff und sonstigen Hilfsmitteln präpariert wurden. Diese müssen entsorgt und dürfen keinesfalls gegessen werden.

ZITRONEN UND ORANGEN als Schnitzwerk. Was Sie dafür brauchen, sind feste, unbeschädigte Früchte, ein kleines, spitzes und scharfes Küchenmesser sowie einen wasserfesten Stift. Die Muster nach Lust und Laune auf den Früchten vormalen. Danach die Schale entsprechend einritzen und vorsichtig ablösen. Dabei keinesfalls ins Fruchtfleisch eindringen, sonst hält sich das Kunstwerk nicht und beginnt in Kürze zu faulen oder zu schimmeln.

Der Duft von Zitrus und Nelken ist unwiderstehlich!

Apfelsinen und Mandarinen erstrahlen als Duftkerzen. Dazu das obere Drittel der Früchte abschneiden, das Fruchtfleisch mit einem Löffel herauslösen. Die unbeschädigten, ausgehöhlten Zitrusschalen kopfüber auf ein Drahtgitter setzen und kurz antrocknen lassen. Zwischenzeitlich das Kerzenwachs erhitzen und die Dochte (gibt es wie das Wachsgranulat im Bastelgeschäft) bereitlegen. Den Docht in die Mitte der Fruchtschale geben und mit flüssigem Wachs auffüllen. Die fertigen Zitruskerzen über Nacht auf dem Drahtgitter stehen lassen. Danach ist das Wachs fest, und man kann die wunderbar nach Zitrus duftenden Kerzen beliebig arrangieren.

Für Pomander brauchen Sie Orangen, Zitronen oder Grapefruit, Nelken und eine pulvrige Gewürzmischung, deren Hauptbestandteil Zimt ist. Verwenden Sie nur Nelken von bester Qualität, sonst werden Sie rasch die Geduld verlieren. Die ist aber notwendig, denn bis ein Pomander gesteckt ist, vergehen 1 bis 1 1/2 Stunden. Die Nelken werden in die Schale gesteckt, wobei es sinnvoll ist, die Löcher mit einer Stricknadel vorzustechen. Die mit Nelken bespickten Südfrüchte so lange mehrmals täglich in einer Gewürzmischung aus 120 g Zimt, 2 Eßlöffel Iriswurzelpulver (aus der Apotheke), je 1 Teelöffel Muskatnuß- und Nelkenpulver wälzen, bis die Pomanderfrüchte trocken sind.

3 **Wohlduftender Blickfang: In Zitrusschalen gegossene Kerzen und Pomander sind eingebettet in Nelken und Zimtstangen.**

Das Gleiche gilt natürlich auch für alle anderen Früchte, die Sie zum Dekorieren verwenden. Sobald ihre Schale verletzt ist, sie mit Farbe oder sonstigen Stoffen behandelt wurden, eignen sie sich nicht mehr zum Essen! Besonders schön ist die Wirkung von Äpfeln, wenn man sie poliert auf den Tisch bringt. Dazu am besten ein weiches, sauberes Baumwolltuch verwenden.

Die Bodenvase kommt wieder zum Einsatz

Äste und Zweige sind meist lang und sperrig, aber gleichzeitig wieder so einmalig schön, daß es schade wäre, sie kleinzuschneiden. Darum ist jetzt auch die Zeit, in der die Bodenvasen wieder gefragt sind. Sie sind hoch und schwer, also geradezu wie geschaffen für einen ausladenden Weihnachtsstrauß. Die vorgesehenen Äste schräg anschneiden und in das mit Wasser gefüllte Gefäß geben. Nun das immergrüne Gesteck nach Herzenslust mit Baumschmuck, Nüssen, Zapfen, Holzsternen oder anderen Accessoires behängen. Wenn Sie keine Bodenvase haben, können Sie auch einen ganz gewöhnlichen Wassereimer nehmen und ein paar große Steine hineingeben. So hat er einen guten Stand und kippt nicht so leicht um. Den Eimer mit einem farblich zum Strauß passenden Stoff umwickeln.

Hochsaison für duftende Gewürze

Düfte begleiten uns allgegenwärtig. Vor allem zur Weihnachtszeit, wenn uns die Natur draußen weniger damit verwöhnt, spielen die Gewürze eine tragende Rolle. Anis, Nelken oder Zimt aromatisieren jetzt viele Speisen; Anisplätzchen oder Zimtsterne gäbe es ohne diese durchdringenden Zutaten überhaupt nicht. Sie eignen sich auch wunderbar zum Dekorieren.

WAS FÜR EINE IDYLLISCHE KAFFEETAFEL: Die hohe Schale mit dem in Rot geschmückten Adventskranz, der Strauß mit den attraktiven Wildgehölzen im grünen Holzübertopf, die Tellerdeko mit karierten Stoffservietten und Holzanhängern. Hier ist nicht nur der Hefekuchen Genuß, sondern auch alles drumherum.

DIESES ARRANGEMENT ist ganz leicht nachzumachen und sieht überall gut aus. Auf dem Tisch oder wie hier auf dem Fußboden stehend, ein Lichtblick in tristen Ecken. Einfach Äste von Tanne, Lebensbaum oder anderen Immergrünen kompakt in einen großen Übertopf oder Kübel mit Wasser geben. Nun die Zweige mit Duftsäckchen, Zapfen, Zitrusscheiben, Bündeln von Zimtstangen und anderen Accessoires behängen.

Gewürze sind getrocknete Blätter, Früchte, Rinden, Samen oder Wurzeln von einheimischen oder exotischen Pflanzen. In erster Linie werden sie zur Geschmacksverbesserung und besseren Verdauung von Speisen verwendet.
Der unverwechselbare Duft kommt von den ätherischen Ölen, den wichtigsten Inhaltsstoffen überhaupt. Diese werden durch Zerreiben und Zerquetschen freigesetzt, wobei bei Zimtstangen und Sternanis schon ein sanftes Rubbeln genügt, um eine Duftwolke auszulösen.
Des Duftes und ihrer imposanten Form wegen, eignen sich einige der Gewürze auch hervorragend für den Adventsschmuck. Dazu gehören getrocknete Cayenneschoten, Koriander, Muskatnußblüte, Wacholder, grüne Kardamomschoten und Kardamomsamen. Die unschlagbaren Hits sind allerdings Anis, Nelken und Zimt. Sie verströmen Weihnachtsdüfte satt.
Sternanis ist süßlich und erinnert an Lakritze. Bei den bitter und etwas beißend riechenden Gewürznelken handelt es sich um unreif gepflückte und getrocknete Blütenknospen des Gewürznelkenbaums. Ihr Bukett ist unverzichtbar in winterlichen Potpourris und ist Bestandteil von Pomander.
Auch die Zimtstangen sind aus der Weihnachtdekoration nicht mehr wegzudenken. Bei den braunen Stangen handelt es sich um die aufgerollte und getrocknete Rinde des Zimtbaumes. Zimt verströmt ein holzigwarmes, angenehm süßes Aroma.
Einen ganz außergewöhnli-

RITTERSTERNE (Hippeasturm) von ihrer schönsten Seite: In gedämpftem Rot und in vollendeter Eleganz präsentieren sie sich hier umhüllt von Grün und Gold. Ein Gebinde für ganz besonders schöne Augenblicke oder als Geschenk für liebe Menschen. Die eingearbeitete wunderschöne Glaskugel liegt in einem Mooskranz. Das ganze Arrangement ist festlich umwoben mit auseinandergezogenem Bouillondraht. Diesen Draht bekommen Sie in Gold und Silber im Bastelgeschäft.

ZU EINEM FESTLICH gedeckten Tisch gehören selbstverständlich Stoffservietten. Man kann sie durch kunstvolles Falten zum Blickfang werden lassen oder einfach lässig neben den Tellerrand legen. Die weiße Serviette hier präsentiert die klassische Hutform. Ein Blatt und bunte Anhänger heben die Wirkung noch hervor.

TIP: Die Wirkung eines gedeckten Tisches hängt von vielen Dingen ab. Doch was tun, wenn unerwartet Besuch kommt und man so gar nichts Blühendes im Haus hat? Da heißt es, Nerven behalten und improvisieren. Der prachtvolle Kaffeetisch auf dem rechten Foto zeigt, was Farben bewirken können. Das Rot der Decke und der Servietten wird hier perfekt durch die polierten, rotbackigen Äpfel ergänzt. Rot ist eine sehr ausdrucksstarke Farbe, die unweigerlich die Blicke auf sich lenkt, sie ist Ausdruck von Vitalität. Klasse, wenn man, neben der klassischen weißen oder Ton-in-Ton-Tischdecke passend zum Geschirr auf ein Tuch in einer Kontrastfarbe zurückgreifen kann.

WAS FÜR EIN SCHÖNES Ambiente: Wo man hinblickt, leuchten Kerzen, und der Tisch ist reich geschmückt (rechts).

OBWOHL IN DIESEM flachen Gesteck Materialien in Grün und Gold vorherrschen, geben allein die zwei roten Rosen den Ton an. Sie machen den Charme des Arrangements aus. Alle Pflanzenteile stecken in Frischblumensteckmasse. Es ist ganz wichtig, daß diese stets gut feucht ist, dann hält sich das Ganze gut zwei bis drei Wochen. Sollten die Rosen eher schlapp machen, diese einfach herausziehen und durch frische Blütenköpfe ersetzen.

TIP: Es ist eine nette Geste, den Gästen ein kleines Präsent zur Erinnerung an die Adventsfeier mit nach Hause zu geben. Auf den vorhergehenden Seiten wie auch auf dieser zeigen wir viele Kleinigkeiten, die sich hervorragend dafür eignen. Den Apfel mit Namenskärtchen zum Beispiel oder ein Anhänger mit passendem Band. Das patinierte Goldherz rechts gibt es übrigens in unterschiedlichen Größen, Farben und Materialien.

IST ES NICHT HINREISSEND SCHÖN, dieses schmucke Herz als Serviettenhalter? Goldherzen können Sie im Geschenk- und Blumenladen kaufen. Der Teller, der liegende Engel im schmucken Band - überall Gold! Selbst die bezaubernde Rosenblüte birgt einen Hauch von Goldgelb in sich.

EIN HERRLICHES KERZEN-ARRANGEMENT: Die Vase zur Hälfte mit Sand auffüllen, damit sie gut steht. Frischblumensteckmasse hineingeben und immergrüne Zweige kranzförmig, nach unten hängend hineinstecken. Kerze tief und fest in der Gefäßmitte anbringen. Nun die Deko aus verschiedenen Beeren, Orangenscheiben, Äpfelchen, gedrahteten Nüssen, Zimtstangen und Zapfen anbringen. Hübsch die seidenmatten Glaskugeln und das goldene Engelshaar.

GESCHLIFFENE Gläser und kostbares Porzellan glänzen auf der Seite 42 mit Kristalleuchtern um die Wette.

chen Duft verbreiten Tannenzapfen oder frisch gepflückte Kiefernnadeln. Geben Sie einfach eine Handvoll davon zusammen mit etwas Kalmus, ein paar Zapfen und frischer Zitronenschale (dünn mit dem Sparschäler geschnitten) in eine weite Schale - Sie werden begeistert sein von der Komposition, vorausgesetzt, Sie mögen diese etwas herbe Frische!

Tellerschmuck: einfach, originell oder kunstvoll

Einen wichtigen Beitrag zur Tischdekoration leistet der Tellerschmuck. Weitverbreitet sind nach wie vor kunstvoll gefaltete Stoffservietten. Doch die oftmals etwas steif wirkenden Klassiker bekommen zunehmend Konkurrenz. Das heißt, die Servietten rücken weitge-

EINE MODERNE WEIHNACHTSVARIANTE in ungewöhnlichen Farben: Das Geschirr, die Servietten und die Kerzen präsentieren sich in frischem Maigrün. Der erste Eindruck vermittelt Spontaneität und ungezügelte Fröhlichkeit. Die Sternendecke und der Serviettenschmuck in glitzerndem Gold geben dem Ganzen einen eleganten Rahmen, ebenso die Kugeln im buchsverzierten Metallständer und der herrliche Blumenschmuck.

IN UNVERGLEICHLICHER ELEGANZ liegt die weiße Rose umgeben von Zierspargel- und Buchszweigen in einer selbstgebastelten Tüte aus Goldpappe. Die gibt es in verschiedenen Strukturen im Bastel- oder Schreibenwarenladen. Drumherum eine schlichte, seidene Schlaufe und farblich harmonierende Accessoires.

DIESER BUNT GEFÜLLTE Sternenteller ist eine Augenweide für jedes Genießerherz. Egal wo er steht, auf dem Eßtisch, in der Diele auf dem Sidebord, er lenkt die Blicke auf sich. Zuunterst liegen einige dekorative Zweige, Zapfen und Wildfrüchte. Darauf wurden in üppiger Fülle verschiedene Nüsse, Gewürze, Weihnachtsgebäck und ein Apfel arrangiert. Teller mit Sternenrand bieten zur Adventszeit nahezu alle Blumengeschäfte und Kaufhäuser an.

hend in den Hintergrund, da ihnen der Serviettenring oftmals die Show stiehlt. Bei den Ringen gibt es unendlich viele zeitlose Motive, hinzu kommt jeweils das saisonale Angebot. Das sind Dekore zum Beispiel mit Nikoläusen, Schneemännern, Sternen, Monden, Herzen, Engeln, Medaillons oder bunt geschmückten Bäumchen. Hier fällt die Auswahl nicht gerade leicht. Serviettenringe sind kinderleicht zu handhaben und sehen äußerst dekorativ aus. Wer es individueller mag, kann eine Schlaufe um die Serviette binden und das Ganze zusätzlich mit einem Zweig, einer Blüte, einem Anhänger, Apfel oder Namensschild ergänzen. Auch beim Selber-

EIN FASZINIERENDES KUNSTWERK in Rot-Gold-Blau. Für dieses Bäumchen einen Übertopf aus Terrakotta oder Keramik mit Sand füllen (dadurch wird das Gefäß schwer und kippt nicht so schnell). Nun einen schlichten Kranz aus Scheinzypresse, Buchs oder Eibe binden und auf den Topfrand legen. Vergoldete Zweige (entsprechende Farbe gibt es im Bastelladen) so in das Sandbett stecken, daß eine Baumform entsteht. Den oberen Bereich üppig mit Engelshaar und mit Äpfeln verzieren, diese mit Draht befestigen. Zuletzt die Basis, nämlich den Kranz, mit Holzanhängern, Glaskugeln, Äpfeln und Fädelungen dekorieren.

machen gibt es endlos viele Möglichkeiten. Sehr hübsch, aber etwas aufwendiger zu machen sind kleine Girlanden aus immergrünen Triebspitzen, (z. B. *Asparagus* oder Buchs) die dann um die Serviette gewunden werden – oder einfach eine Kette mit gedrahteten kleinen Hagebuttenfrüchten. Am besten verwenden Sie dafür Blumendraht, dann läßt sich das Ganze beliebig in Form biegen. Wie die Beispiele auf den Seiten 34/35 zeigen, ist die Wirkung des Tellerschmucks ganz enorm, so banal er auch sein mag. Wichtig ist, daß die Farben der Deko mit dem Geschirr, der Tischdecke und der Serviette im Einklang stehen.

EIN ZAPFENPOTPOURRI – schlichter geht es kaum. Ein oder mehrere milchige Glasgefäße mit Zapfen füllen. Biegsame Ranken (z. B. Clematis oder Knöterich) und Silberdraht gleichmäßig und locker drumherumschlingen. Das Ganze mit wenig Kunstschnee besprühen.

SCHWER ZU SAGEN, was beim Anblick dieses herrlichen Rosenarrangements mehr beeindruckt: die Blüten oder die zarte Drahtgirlande mit den roten Beerchen und orangefarbenen Apfelsinenschalenstückchen. Heidelbeerzweige und silberfarbener Thymian dienen als Grün für den Rosenstrauß.

TIP: Die Arrangements dieser beiden Seiten zeigen deutlich, wie unterschiedlich Farben wirken. Falls man es eher zurückhaltend und etwas kühler möchte, bieten sich Silber- und Weißtöne geradezu an. Allerdings muß man hier auch konsequent arbeiten und sich in Zurückhaltung üben. Schon ein einziges buntes Accessoire auf der Fensterbank würde die Eleganz stören. Selbst rote Rosen an Stelle der weißen Christrosen veränderten die Stimmung völlig.

DIESES ZEITLOS ELEGANTE Gesteck im Eisenpokal braucht viel Raum. Es steht am besten in der Diele oder auf einem Sidebord. Die Basis bilden Ranken und Zweige von Efeu, Wacholder, Thymian, Zypresse, Lorbeer und Rosen. Sie sind reich mit Silber und Gold verziert.

Kugeln in Gestecken möglichst mit Draht befestigen

Sträuße und Gestecke mit eingearbeiteten Baumkugeln oder ähnlichem Schmuck ist nichts neues. Aus Zeitgründen fixieren die Floristen diese Accessoires meistens mit Heißkleber. Das hat zur Folge, daß die schönen Dekore beim Auflösen des Arrangements häufig zerbrechen, so fest sitzen sie. Doch das ist gar nicht nötig. Daher beim Selberbinden eines Gesteckes oder Straußes einen längeren Draht an der Öse des Baumschmuckes befestigen und diesen durch den Strauß nach unten ziehen. Falls dies nicht möglich ist, kann man versuchen die Kugel mit ein wenig Knetmasse an den Zweigen zu fixieren.

Deko-Varianten in Rot, Gold und Silber

Die letzten Seiten dieses Kapitels machen deutlich, wie unterschiedlich Farben wirken können. Die roten Arrangements sprühen geradezu vor Energie. Die goldenen Beispiele wirken sehr feierlich. Der mehr oder weniger silbrige Schmuck auf dieser Seite ist einerseits von Schlichtheit gezeichnet und andererseits von großer Eleganz. Es muß mit viel Fingerspitzengefühl eingesetzt werden, denn es kann leicht kühl und distanziert wirken.

EIN WEIHNACHTLICHES STILLEBEN, das durch Eleganz besticht. Keine knalligen, sondern kühle Farben wie Silber und Weiß spielen die Hauptrolle. Die Windlichter und Glasvasen sind auf das Ensemble abgestimmt.

WARTEN AUFS CHRISTKIND

Spätestens wenn der Weihnachtsbaum im Lichterglanz erstrahlt, kehren Ruhe und Freude ein, denn die Vorbereitungen fürs Fest sind erledigt. Jetzt kommt die Zeit zum Genießen, zum Innehalten, und das ist in einer schön geschmückten Atmosphäre doppelt wohltuend!

VOM WEIHNACHTSBAUM UND ALLEM, WAS DAZU GEHÖRT

Bäume gehören seit jeher zu den Sinnbildern für Leben, Kosmos und Wiedergeburt. Immergrüne Bäume gelten als Symbol für Unsterblichkeit. Wie der Name „Immmergrün" schon sagt, bleibt das Laub dieser Gehölze das ganze Jahr über erhalten. Besonders deutlich wird das im Winter, wenn sich ihre unzähligen Grüntöne konkurrenzlos präsentieren können. Faszinierend, die dunkelgrünen Blätter des Buchsbaumes, silbrigweiß schimmernd die Nadeln der Weißtanne oder voller Glanz die Blätter der Stechpalme. Zu keiner anderen Jahreszeit ist die Schönheit dieser Gehölze so augenfällig. Daher verwundert es nicht, daß wir so gerne unser Heim damit schmücken.

Geschichtliches

Ebenso wie der Adventskranz ist auch unser heutiger Weihnachtsbaum weitgehend ein Produkt des vorigen Jahrhunderts, speziell des Biedermeier. Allerdings reicht seine Entwicklung bis ins ausgehende Mittelalter zurück.

EIN PRACHTEXEMPLAR VON KRANZ: Das Grün hält sich bedeckt im Hintergrund. Das Herz, die sechs Kerzen lechzen geradezu nach Aufmerksamkeit. Zu den Besonderheiten gehören die Manschette aus Zapfen, die in dem hohen Metallständer wunderbar zur Geltung kommen, und die herunterhängenden Fädelungen mit allerlei Naturmaterialien.

HERRLICH, welch einen Wohlgeruch Tannengrün und Orangen im Zimmer verbreiten.

WAS FÜR EIN WUNDERSCHÖNER KORB: Kerzen, Schlaufen und Krepp-Rosen – alles in Rot. Bei Kerzen immer darauf achten, daß die Flamme nirgendwo Feuer fangen kann. Darauf wurde auch bei unserem Arrangement geachtet, obwohl es auf dem Foto gar nicht so aussehen mag. Die hängenden Kugeln haben in der Blattkugel einen charmanten Gegenspieler. Einfach eine Styroporkugel mit großen, glänzenden Blättern und Zierdraht umwickeln.

Im 16. Jahrhundert ist am Oberrhein, vor allem in den Städten des Elsaß, viel von den „Weihnachtsmaien", also immergrünen Bäumen oder auch nur Zweigen, die Rede. 1605 berichtet ein Reisetagebuch: „auff Weihenachten richtt man Dannenbäume zu Strassburg in der stubben auf, daran henckett man rossen aus vielfarbigem Papier geschnitten, Äpfel, Oblaten, Zischgold, Zucker". Zu dieser Zeit war es noch nicht üblich, Lichter auf die Zweige zu stecken. Dieser Brauch kam erst später dazu.

Die ersten Lichterbäume

Es ist übrigens gar nicht selbstverständlich, daß der Weihnachtsbaum in der Stube aufrecht steht. Bis ins vorige Jahrhundert hinein konnte er auch genauso gut von der Decke herabhängen. Diese platzsparende Methode verhinderte auf jeden Fall ein Umfallen des Baums!

Eine weitere Variante ist die Weihnachtspyramide – ein Holzgestell, um das grüne Zweige gebunden werden. Auf solch ein Gestell hat man möglicherweise zum ersten Mal Lichter aufgesteckt.

Christbäume fördern den Kommerz

Seit 1882 in Amerika die ersten elektrisch beleuchteten Weihnachtsbäume auftauchten, begegnet man ihnen spätestens mit Beginn des Advents auf vielen öffentlichen Plätzen, in den Fußgängerzonen der Einkaufsstädte und in fast jedem Geschäft. Dieses stimmungsvolle Ambiente soll mit dazu beitragen, das Weihnachtsgeschäft anzukurbeln.

Zierrat für den Baum

Besonders in den vergangenen Jahren war zu beobachten, daß Baumschmuck regelrecht zum saisonalen Trendobjekt wurde. Es gibt

SCHLEIFE für die Baumspitze: Aus Baumwollstoff Bänder zurechtschneiden und binden.

SCHMUCK für den Baum: verzierte Plätzchen aus der eigenen Backstube und Strohanhänger

ZUM HÄNGEN eignen sich nur Äpfel mit Stiel. Durch ein Band werden sie am Baum befestigt.

EIN WEIHNACHTSBAUM in den Farben Rot und Gold. Das Besondere an diesem Schmuckstück ist, daß nahezu sämtliche Accessoires selbstgemacht sind. Der unattraktive Christbaumständer wurde zudem mit einem rotkariertem Baumwollstoff kaschiert.

ein unendlich großes Angebot. Mal waren Motive aus der Tierwelt in Mode, dann wieder exotische Früchte, vom Materialmix und den verschiedenen Farben ganz zu schweigen. Am beständigsten zeigen sich jedoch die klassischen Baumkugeln und hier trotz vielfältiger Varianten die Farben Rot und Gold.
Je schneller das Angebot in den Geschäften wechselt, um so intensiver scheint man sich gegenwärtig auf das Ursprüngliche zu besinnen: Backwerk, Früchte und Gewürze, also Naturmaterialien sind gefragter denn je.

Die Weihnachtspyramide

Eine beliebte Abwandlung des Weihnachtsbaums ist, wie schon erwähnt, die Pyramide. Vorbild dafür mögen Formen wie die in der Natur gewachsenen Koniferenbäumen gewesen sein. Das Stecken ist sicherlich die einfachste und

DAS BEZAUBERNDE TANNENBÄUMCHEN entpuppt sich beim näheren Hinsehen als eine Seekiefer (Pinus halepensis). Sie teilt sich mit Efeu und Heidekraut den Terrakottatopf. Eigens für das bevorstehende Fest hat das Trio seinen angestammten Platz auf der Terrasse verlassen, um sich in der Stube als schmucker Weihnachtsbaum zu präsentieren – was sichtbar gelungen ist. Holzherzen, Schlaufen, Zapfen, Beeren und Weihnachtssterne (künstliche!) hängen locker an den Zweigen.

DIESE DUFTENDE WEIHNACHTSDEKORATION zeigt viel, viel Herz. Die Äpfel kann man fertig kaufen. Ihr Dekor entsteht durch Abdecken mit einer Pappschablone während der Reifezeit. An den Orangen entstanden die Herzen durch das Entfernen der Schale; die mit Nelken bespickten Konturen verstärken den optischen Reiz.

WIE IMMER man dieses Arrangement ansieht, als pfiffige Alternative zum klassischen Adventskranz oder als ein Setzkasten, originell ist es in jedem Fall. Und schnell gemacht. Anstelle der Zinkbecher können auch Wassergläser verwendet werden. Die Gefäße sind mit Grün, trockenen Ginkgoblättern, Dörräpfeln und Zimtstangen befüllt und stehen als Quadrat in einer gleichförmigen Terrakottaschale. Die Kerzen sind übrigens auf Moos gebettet. Getrocknete, biegsame Ranken trennen die Gefäße voneinander.

SCHLICHT UND BESCHEIDEN zeigt sich das kleine, nach Honig duftende Minibäumchen aus Bienenwachsplatten. An Zierdraht gefädelte Wildbeeren wirken wie wertvolle Edelsteine.

TIP: Bienenwachsplatten sind ein wunderbarer Werkstoff. Die Handhabung ist einfach und der Duft macht Appetit – vorausgesetzt man mag Honig. Für das rechts gezeigte Bäumchen einen Holzstab nehmen, das Wachs (aus dem Bastelladen) nach Anleitung erwärmen und das Bäumchen vormodellieren. Für die oberste Schicht Wachsplatten in Rauten schneiden, schuppenförmig anlegen und immer wieder sanft andrücken. Mit Zierdraht umspielen und das Ganze in einer Steckhilfe in ein entsprechendes Gefäß geben. Den Basisbereich mit Blättern bedecken.

PAPIERÄPFEL basteln für den Weihnachtsbaum macht Spaß! Rotes und grünes Papier und etwas Karton bereitlegen. Aus Karton eine Schablone für die Früchte und die Blätter fertigen. Nach dieser Vorlage Motive ausschneiden, fünf Stück pro Apfel. Diese dann in der Mitte falten, exakt aufeinanderlegen und mit gleichfarbigem Garn und mit zwei Nadelstichen zusammenfügen. Nun die Äpfel auffächeln und Garn zum Aufhängen anbringen. Jeweils zwei Blätter ankleben.

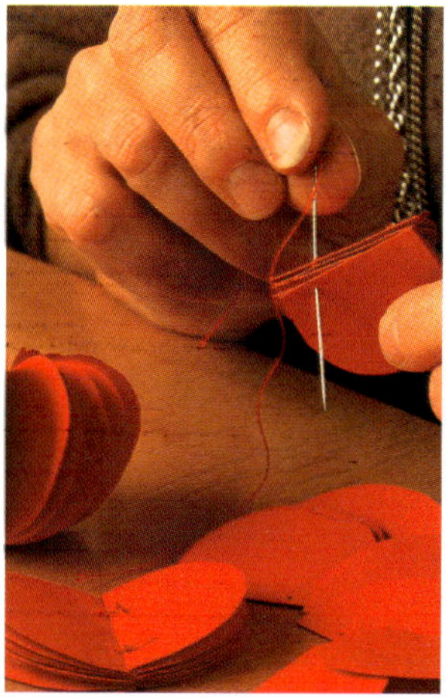

TIP: Weihnachtsbäume im Topf bringen häufig Frust. Denn für ein schön gewachsenes Gehölz müssen Sie 100–150 Mark ausgeben. Sie reagieren sehr empfindlich. Deshalb ist es wichtig, daß sie während der Zeit im Zimmer gut mit Wasser versorgt werden. Außerdem darf der Baum im Topf nicht in unmittelbarer Nähe des Heizkörpers plaziert werden. Denn es gehört nicht zum Lebensrhythmus von Gehölzen, daß sie plötzlich von der Kälte in die Wärme kommen, dort zwei Wochen bleiben und dann wieder raus müssen. Daher nachts den Heizkörper runterdrehen. Sobald der Baum nach dem Fest wieder raus muß, auf die Wetterlage achen. Herrschen extreme Minusgrade, das Bäumchen vor dem Rausstellen besser erst einmal zwei Tage im Treppenhaus oder Keller unterstellen.

schnellste Art der Herstellung. Die Größe des Arrangements richtet sich nach der Wahl des Steckkegels (gibt es in unterschiedlichen Durchmessern und Höhen) beziehungsweise des Gefäßes. Geeignet sind in erster Linie flache Schalen, große Teller, aber auch Übertöpfe und Körbe kann man verwenden. Letztere eignen sich besonders gut für kleine Gestecke, also Tischdekorationen.
Die wichtigsten Materialien sind der Steckkegel (er ist aus dem gleichen Material wie Steckhilfen für Trockengestecke), Steckdraht und reichlich Zweige von Immergrünen. Besonders attraktiv sehen der Blauzederwacholder (*Juniperus squamata* 'Meyeri'), die kleine Muschelzypresse (*Chamaecyparis obtusa* 'Nana Gracilis'), kleinblättriger Buchsbaum (*Buxus sempervirens*), Silbertanne (*Abies procera*) und Stechpalme (*Ilex aquifolium*) aus. Am besten zwei oder drei Grünarten verwenden. Die Steckhilfe in das Gefäß stellen, nach Belieben mit etwas Heißkleber befestigen. Die zurechtgelegten Zweige mit einem scharfen Küchenmesser schräg anschneiden, im unteren Bereich Nadeln und Blätter entfernen. Die Zweige von unten nach oben in gleichmäßigem Wechsel stecken. Dabei stets die Form im Auge behalten, sie soll einer Pyramide ähneln und möglichst blickdicht sein. Die Dekoration wählen Sie ganz nach Ihrem persönlichen Geschmack. Man kann das Pyramidenbäumchen bunt behängen oder nur mit einem einfachen Band verzieren. Selbstverständlich kann man auch Frischblumensteckmasse verwenden, dann hält sich das „Weihnachtsbäumchen" länger. Hier müssen Sie nur behutsamer stecken,

GLANZVOLLER GEHT ES KAUM: Dieser Weihnachtsbaum ist erfüllt von goldenem Licht, das sich in den Glaskugeln und üppigen Schlaufen widerspiegelt. Als selbstgebasteltes Accessoire fallen die roten Papieräpfel (Kurzanleitung Seite 54) ins Auge. Ein schönes Beispiel dafür, was sich mit etwas Geduld und Fingerspitzengefühl alles fertigen läßt. Und unterm Baum hat das Christkind reichlich Geschenke abgestellt!

EINE WUNDERSCHÖNE GESCHENKIDEE sind bemalte Tontöpfe. Zuerst die Tongefäße mit goldener Bastelfarbe grundieren. Gut trocknen lassen. Danach mit einem Natur- oder Kunststoffschwamm die zweite Farbe (z. B. Rot oder Grün) darübertupfen. Für Anfänger empfiehlt sich zunächst eine Tupf-Probe auf Papier. Die Töpfe wieder gut trocknen lassen und nach Wunsch weihnachtlich verzieren, zum Beispiel mit einem Kränzchen aus Efeu und anderen immergrünen Zweigen. Diese an zwei Punkten mit Heißkleber fixieren.

denn die Masse ist nicht ganz so stabil wie Trockensteckhilfe. Außerdem gilt es zu bedenken, daß das Ganze regelmäßig befeuchtet werden muß. Am einfachsten geht dies natürlich durch Überbrausen mit Wasser in der Badewanne. Je nach Dekoration könnte das nahezu unmöglich werden.

Attraktive Schmuckstücke in Baumform

Wie unsere Beispiele zeigen, gibt es viele Möglichkeiten, Bäume originell zu imitieren. Das geht natürlich auch ohne Grün. Denn eine Pyramide läßt sich auch aus Naturmaterialien wie Zapfen oder Früchten (Orangen, Äpfeln, Beeren) oder Kugeln stecken. Vorteil: Hier stellt sich die Frage des Wässerns erst gar nicht.
Für eine festliche Tischdekoration eignen sich am besten mehrere kleine Pyramiden in schlichten Tontöpfen. Von unvergleichlicher Eleganz wirken Wachsbäumchen in einer Höhe samt Holzgefäß von 20 Zentimetern, eine Variante finden Sie auf Seite 53.

Standort für den Weihnachtsbaum

Das größte Handikap des Christbaums ist, daß er rasch seine Nadeln fallen läßt. Das gilt bis auf wenige Ausnahmen, und die sind relativ teuer. Jeder kennt das Problem und versucht dagegen anzugehen. Gut ist schon mal, den Baum möglichst nicht vor dem Heizkörper oder in der Nähe des geheizten Kachelofens zu postieren. Doch leider gibt es in vielen Wohnungen gar keinen anderen Platz. Wichtig ist auch ein Ständer,

METALLETAGERE IM FESTTAGSKLEID. Die untere Schale ist so gleichmäßig mit Tannenzweigen und Zapfen dekoriert, daß sie wie ein Kranz wirkt. Die Harmonie der Früchte, Gewürze und glitzernden Accessoires könnte kaum perfekter sein.

DIESE KLASSISCHE PYRAMIDE bleibt wochenlang schön. Auffallend sind die vielen kupfer- und goldfarbenen Bänder, die zwischen den unterschiedlichen Grünarten hervorblitzen, unterstützt von mundgeblasenen Glaskugeln.

WEIHNACHTSBÄUME FÜR DEN TISCH

Diese außergewöhnlichen Weihnachtsbäumchen, von Floristenhand kreiert, sind so klein, daß sie problemlos Platz auf jedem Teller haben. Für die streßgeplagten Weihnachtsmänner bedeuten sie offensichtlich das Paradies. Es gibt wohl kaum etwas Vergnüglicheres, als weich gebettet und wohlgestärkt aufs Christkind zu warten.

Als Stamm für die Bäumchen fungieren dünne Äste. Rund ein Dutzend sind es, die, für das linke Objekt gebündelt, oben und unten fest mit Bast zusammengebunden wurden. Aus Moos und grünen Zweigen eine kleine Plattform bilden. Diese mit Hilfe von Draht am Stamm befestigen. Der Nestcharakter entsteht durch feine Ranken. Nun das Bäumchen fest in Trockensteckhilfe fixieren, eventuell zusätzlich Heißkleber verwenden. Besser noch wäre es, die Äste in einen Kenzan (Steckigel) zu stecken.

Den Teller möglichst luftig, jedoch so schmücken, daß von der Befestigung nichts zu sehen ist. Bei mehreren Arrangements unbedingt darauf achten, daß Farben und Stil bei allen Accessoires beibehalten werden. Ob Nikoläuse oder Engel – sie sollten sich für eine Art entscheiden, so wirkt das Ganze ruhiger und zugleich intensiver. Abwandlungen sollte es lediglich bei den Dekorationen geben.

EINFACH HIMMLISCH! Die Weihnachtsmänner haben ihre Arbeit getan und können jetzt ganz entspannt aufs Christkind warten.

der die Möglichkeit bietet, Wasser einzufüllen. Und mit Wasser ist schon ein Liter oder mehr gemeint und nicht nur ein paar Alibi-Tröpfchen, denn mehr können die meisten Ständer leider gar nicht fassen.
Der Christbaumständer ist so eine Sache, die in den meisten Haushalten alle Jahre wieder für Aufregung sorgt. Denn in aller Regel ist die Öffnung für den Stamm zu klein oder der Ständer viel zu leicht. Ohne zusätz-

WAS FÜR EINE HÜBSCHE IDEE, die Zimmerzypresse (Cupressus macrocarpa 'Goldcrest') weihnachtlich herauszuputzen. Einfach den Topf mit Glanzfolie kaschieren und mit einem Band verzieren. Das Bäumchen mit kleinen Päckchen, Kugeln und einer Perlenkette schmücken. Das glanzvolle Rot und das helle Grün der Zypresse ergeben einen wunderschönen Kontrast.

liche Befestigung besteht die Gefahr, daß der Baum umfällt. Sie können diesen alljährlichen Streß mit einer einmaligen Investition vermeiden und vom Schlosser einen richtig stabilen Ständer mit riesiger Öffnung fertigen lassen. Der Baumstamm wird darin mit Nirosta-Schrauben entsprechend seinem Durchmesser fixiert. Nachteil: Das schwere Ding sieht massiv aus, kann aber gut mit dekorativem Stoff und Zweigen kaschiert werden.

Barbarazweige nicht vergessen

Zum Weihnachtsfest gehören auch Barbarazweige. Gelten sie doch als Glücksboten und Symbol für wiedererwachendes Leben. Hierfür schneidet man am 4. Dezember, dem Namenstag der heiligen Barbara, knospige Triebe von Obst- und Blütengehölzen. Bis zum Barbaratag haben die Gehölze ihre Ruheperiode und die ersten Fröste hinter sich. Man gibt die Zweige in eine Vase mit Wasser und stellt sie in ein helles, warmes Zimmer. Mit etwas Glück werden die kahlen, unscheinbaren Äste innerhalb der nächsten drei Wochen blühen und grünen.

Zum Treiben eignen sich Felsenbirne (*Amelanchier canadensis*), Zierapfel (*Malus domestica, M. floribunda*), Pfirsich (*Prunus persica*), Schlehe (*Prunus spinosa*), Süßkirsche (*Prunus avium*), Japanische Zierkirsche (*Prunus serrulata*) und Goldglöckchen (*Forsythia* x *intermedia*) – das bekannteste und beliebte Gehölz für „Barbarazweige"

Falls Sie keinen eigenen Garten oder entsprechende Gehöze zum Schneiden haben, fragen Sie auf dem Wochenmarkt danach. Anfang Dezember werden dort häufig Barbarazweige angeboten. Sie fallen wegen ihrer Unscheinbarkeit nur kaum ins Auge.

WEIHNACHTSSCHMUCK im Blumentopf ist flexibel einsetzbar. Die Zutaten bestehen vorwiegend aus haltbaren Materialien. Das Grün ist aus Seide, die Früchte aus Pappmaché bzw. Kunststoff. Tontöpfe mit Steckschwamm befüllen. Jetzt ein grünes Kränzchen mit Heißkleber am Topfrand befestigen. Die Accessoires im Topfinnern gegebenenfalls mit Steckdraht verlängern. Zum Schluß mit reichlich Zierdraht garnieren, Kordeln anbringen.

TIP: Bei aller Freude, die eine gelungene Weihnachtsdekoration vermittelt, birgt sie auch Gefahren. Brandgefahr zum Beispiel. Lassen Sie Kerzen nie unbeaufsichtigt brennen. Besonders Baumkerzen nicht. Manchmal sind sie schon nach zwei Stunden heruntergebrannt. Stets einen Feuerlöscher oder gefüllten Wassereimer griffbereit zu haben, ist ratsam. Wenn Kleinkinder im Haushalt leben oder öfter zu Besuch kommen, empfiehlt es sich, den Baum mit elektrischen Kerzen zu schmücken.
Das schont in jedem Fall die Nerven.

HIER WIRD ES noch mal so richtig üppig. Das Tannenbäumchen im Terrakottatopf ist überreich mit allerlei weihnachtlichen Motiven verziert. Herrlich, das wärmende Licht der rot- und goldfarbenen Wachskerzen.

Dieses Buch zu erarbeiten hat mir große Freude bereitet! Ich wünsche mir, daß Sie darin ganz viele Ideen und Anregungen für eigene blumige Kreationen finden – die praktische Umsetzung ist kinderleicht. Und je mehr Gestaltungsideen Sie ausprobieren, um so schneller geht Ihnen das kreative Arbeiten von der Hand. Ich selbst bin keine gelernte Floristin, sondern hatte schon immer ungeheuren Spaß am Umgang mit Blumen und Pflanzen. Mein wichtigster Lehrmeister war und wird die Natur bleiben – nur sie kann die Harmonie der Farben und das Zusammenspiel der Blüten so perfekt inszenieren. Mit Blumen gestalten und dekorieren ist ein wunderschöner Ausgleich zu meiner täglichen Arbeit.
Weitere vertiefende handwerkliche Geschicklichkeit können Sie sich gut in Floristikkursen aneignen. Eine beliebte Anlaufstelle hierfür sind unter anderem Volkshochschulen. Doch auch Landfrauenverbände sind in Floristik-Dingen oft aktiv. Fragen Sie einfach mal im Ortsverein nach. Darüber hinaus weisen viele Blumengeschäfte und private Blumenschulen in die Kunst des Blumenbindens ein.

Danksagung

Dieses Buch widme ich in liebevoller Erinnerung meinem Mann.
Bedanken möchte ich mich bei all den Menschen, die mir bei der Verwirklichung des vorliegenden Titels geholfen haben: sei es durch ihre Ideen, Kritik, Fürsorge oder moralische Unterstützung. Ganz besonders gilt dies für Monika, Walburga, Ines, Sabine, Thomas, Jürgen und meinen Eltern!
Viele der hier gezeigten Aufnahmen entstanden bei: Die Gartengalerie, Monika Tittlbach in 75045 Wössingen/Walzbachtal, Wössinger Str. 45, Telefon: 07203 1805 und anläßlich der Adventsausstellung bei „regio flor“, 79331 Tenigen-Nimburg mit Arbeiten von Martina Schindler, Gabriele Ehret und Jürgen Strohmeier. Weitere floristische Arbeiten u. a. von Sabine Wagner, Jöhlingen-Walzbachtal + Wolfgang Koristka, Goldscheuer.

Büchertips

Braun-Bernhart, U: Blumenschmuck – farbig, duftig, selbstgemacht. Kosmos Verlag, Stuttgart, 1999.
Braun-Bernhart, U.: Tischdekorationen mit Blumen – spritzig, peppig, selbstgemacht. Kosmos Verlag, Stuttgart, 1999.
Linse, H.: Adventsschmuck aus der Natur. Kosmos Verlag, Stuttgart 1997.
Moser, D.-R.: Bräuche und Feste im christlichen Jahreslauf. Brauchformen der Gegenwart in kulturgeschichtlichen Zusammenhängen. Styria Verlag, Graz, Wien, Köln 1993.
Weimar, M.: Pflanzenschmuck für Advent und Weihnachten selber machen. Gräfe und Unzer Verlag, München 1992.

Mein schöner Garten Spezialheft: Kreative Ideen für Haus & Garten. Offenburg 1998.

Bezugsquellen

Geeignete Blumen für Ihre Gestecke und Sträuße finden Sie bei Ihrem Floristen, auf dem Wochenmarkt oder im eigenen Garten. Weiteres Zubehör für Ihre Arbeiten (Draht, Steckigel, etc.) erhalten Sie im örtlichen Fachhandel (Blumenfachgeschäfte, Gärtnereien, Gartencenter, Baumärkte, Geschäfte für Bastelbedarf und Hobbymärkte).
Sie finden die Adressen in Ihrem Branchenfernsprechbuch. Am besten rufen Sie vorher an und fragen, ob die von Ihnen gewünschten Blumen oder das benötigte Zubehör angeboten werden.

Register

Die **halbfett** gesetzten Seitenzahlen verweisen auf Farbabbildungen.

Bildnachweis

Mit 118 Farbfotos von: Fotodienst Fehn, Schwabenheim (S. 5 o, 17 ore, 50 o, 56 re, 58); Flora Press, Hamburg (S. 4 Mo, 6 o, 7 o, 9, 18 beide, 19 beide, 20 beide, 21 beide, 24 beide, 25 drei, 26 Mo,.34 beide, 35 drei, 38, 40 o, 40 M, 43 o, 44 beide, 45 o, 50 u drei, 51, 63 fünf, 64 o, 64 ure); Horst G. Killius, Offenburg (S. 11 o, 14 beide, 15 beide, 16 beide, 59 u); Roland Krieg, Waldkirch (S. 1, 2/3, 8, 10, 11 u, 13, 17 u, 28/29 drei, 30 beide, 31, 32 beide, 33 beide, 36 drei, 37, 39 ure, 40 u, 43 u, 45 u, 46 beide, 47 beide, 48 Mo, 49, 53 beide, 54 beide, 55 drei, 56 li, 57, 59 o, 64 uli); Wolfgang Redeleit, Bienenbüttel (S. 5 u, 12 vier); Ralf Roppelt, Sahara Werbeagentur, Stuttgart (S. 26 Hintergrund); Bildarchiv Sammer, Neuenkirchen (S. 6 u drei, 7 uli, 7 ure, 39 oli, 52 u); Friedrich Strauß, Au/Hallertau (S. 22, 23 drei, 27, 48 Hintergrund, 52 o); Villeroy & Boch, A.G. Mettlach (S. 41, 42).

Alle Angaben in diesem Buch sind sorgfältig geprüft und geben den neuesten Wissensstand bei der Veröffentlichung wieder. Da sich das Wissen aber laufend in rascher Folge weiterentwickelt und vergrößert, muß jeder Anwender prüfen, ob die Angaben nicht durch neuere Erkenntnisse überholt sind. Dazu muß er zum Beispiel Beipackzettel lesen und genau befolgen sowie Gebrauchsanweisungen und Gesetze des jeweiligen Landes beachten.

Impressum

Umschlaggestaltung: Friedhelm Steinen-Broo, eSTUDIO CALAMAR; Umschlagvorderseite: Flora Press; Umschlagrückseite: Roland Krieg (beide); Klappe außen: Roland Krieg; Klappe innen: Friedrich Strauß (fünf).

Mit 126 Farbfotos.

Die Deutsche Bibliothek - CIP-Einheitsaufnahme
Adventschmuck aus Blumen und Grün : leuchtend, festlich, selbstgemacht / Ursula Braun-Bernhart. - Stuttgart : Kosmos, 1999
ISBN 3-440-07754-3

ISBN 3-440-07754-3
Lektorat: Christiane Theis
Grundlayout: Atelier Reichert, Stuttgart
Gestaltung: Guido Schlaich, München
Satz und Herstellung: Die Herstellung, Stuttgart
Printed in Germany/Imprimé en Allemagne
Druck und Bindung: Westermann Druck Zwickau GmbH, Zwickau

GESCHENKE PFIFFIG VERPACKT

AUSSERGEWÖHNLICH: Gebackene Stiefel als Anhänger. Dazu aus Mürbe- oder Salzteig Stiefel backen, zuvor in den rohen Teig im oberen Bereich ein Loch für das Band ausstechen. Nun Puderzucker mit Wasser und Lebensmittelfarben anrühren und das Gebäck damit überziehen. Nach Belieben mit Zuckerperlen verzieren.

BEEINDRUCKEND: Schachteln lassen sich mit Blättern, Früchten und Gewürzen (Anis, Zimtstangen) sowie bunten Schleifen schmücken.

MITBRINGSEL für Freunde und Bekannte: Terrakottatöpfchen mit Namen beschriften (Kreide), mit kleinen pfiffigen Überraschungen füllen.

ES MUSS NICHT immer Papier oder Karton sein: Flaschen können sich auch im Stoffkleid sehen lassen. Besonders dekorativ sind hier die farbigen Bänder und die Accessoires am Flaschenhals.

OB TANNENBÄUMCHEN, Sterne, Tiere oder Herzchen: Mit etwas Geschick kann man sich die Stempelmotive leicht selber ausschneiden.

Geschenkpapier gibt es in unglaublich vielen Mustern, in Hochglanz oder Seidenmatt, eines schöner als das andere. Doch trotz aller Perfektion können sie mit Selbstbedrucktem nicht konkurrieren.
Als Grundlage eignet sich schlichtes, unifarbenes Papier oder Packpapier. Zum Bedrucken einen Stempel oder Kartoffelstücke verwenden. Beide kann man gut selber schneiden. Die Utensilien für den Stempel und die entsprechenden Farben gibt es in jedem Bastelgeschäft. Für den Kartoffeldruck werden die Motive mit einem scharfen, kleinen Küchenmesser in frische Kartoffeln geschnitzt.

GESCHENKPAPIER oder Weihnachtskarten mit Kartoffeln stempeln: Für klassische Motive am besten Gebäckausstecher verwenden. Farben zum Bemalen gibt es im Bastelgeschäft.

PACKPAPIER weihnachtlich bedrucken: Eine bewährte Technik ist der Kartoffeldruck. Dazu große, frische Kartoffeln längs halbieren, Ausstecher zentimetertief eindrücken, ringsum freischneiden. Mit Küchenkrepp trockentupfen, Farbe auftragen.